NOTICE

SUR

M. L'ABBÉ MIQUEL

Curé-Doyen de l'Église paroissiale Saint-Alexandre, de Bédarieux

MONTPELLIER. — Typogr. de BOEHM.

Miquel Curé

Salières

Montp. lith Boehm

NOTICE

SUR

M. MIQUEL

Curé-Doyen de l'Église paroissiale Saint-Alexandre, de Bédarieux;

M. RIVEZ FILS

Avocat (de Bédarieux).

BÉDARIEUX

Librairie Classique et Religieuse de J.-P. Audibert,
relieur-papetier, Éditeur.

1853.

NOTICE

SUR

M. L'ABBÉ MIQUEL,

CURÉ-DOYEN DE L'ÉGLISE PAROISSIALE SAINT-ALEXANDRE,
DE BÉDARIEUX.

Il est dans l'histoire de l'humanité des pages émouvantes et sublimes, que nous ne saurions trop lire et admirer; il en est d'autres, froides et lugubres, que nous voudrions pouvoir effacer et anéantir à jamais. Dictées par la vérité et écrites par la raison, ces pages impartiales restent inintelligibles pour la foule ignare et insouciante; mais le philosophe y découvre à chaque instant des faits nouveaux, dont l'étude l'amène à connaître les mystères souvent insondables du cœur humain. Parfois, en effet, tel acte qui passe inaperçu, ou qui semble insignifiant aux yeux du vulgaire, a néanmoins une portée immense. Ainsi, dans l'ordre physique, par exemple, il suffit d'un seul mot, d'une seule expérience même incomplète, pour qu'un homme de génie, saisissant au vol la pensée de l'inventeur, se l'approprie, la développe et fasse avec elle des merveilles. Watt et Fulton n'auraient peut-être jamais songé à créer ces machines étonnantes qui changeront en peu d'années la face du monde, si Papin n'avait point expliqué et expérimenté ce qu'un heureux hasard lui fit découvrir : la force de la vapeur.

A notre avis donc, l'étude de l'histoire de l'humanité est non-seulement attrayante, mais encore éminemment instructive. Par elle, en effet, nous pouvons connaître à fond les qualités et les défauts de ceux qui nous ont précédés dans la vie, et cette connaissance, aidée de notre expérience personnelle, nous sert à éviter les écueils où ils ont échoué, et à donner à nos successeurs des enseignements utiles. Nous secondons ainsi le progrès de l'esprit humain, progrès réel et incontestable, quoique lent, et retardé à chaque pas par des événements de force majeure impossibles à prévoir.

La vie de l'homme présente des phases successives d'accroissement et de décadence. Vigoureux et intelligent pendant une assez longue période de sa carrière, l'individu voit ses forces physiques décroître et son intelligence l'abandonner graduellement. Il tombe dans la caducité, et la mort ne tarde point à trancher une existence qui n'a plus de but.

La vie d'un peuple ou d'une nation est absolument identique à la vie de l'individu pris isolément. Faible à son origine et grandissant peu à peu, une nation parvient à son apogée de gloire et de puissance. Le génie de l'histoire burine sur l'airain ces pages sublimes que nous admirons; mais bientôt la loi fatale et immuable du temps pèse de tout son poids sur l'orgueilleuse, qui se croyait éternelle. La décadence arrive ; la nation s'abîme et disparaît dans un immense cataclysme, ou périt absorbée par une nation voisine, encore jeune et pleine de vie : et alors sont écrites dans l'histoire de l'humanité ces pages lugubres que nous ne voudrions pas y lire.

Tel est le spectacle curieux et incessant que, depuis six mille ans, le monde présente à l'observateur. Mais sans chercher des exemples dans les temps passés, jetons un coup d'œil autour de nous. Que se passe-t-il? La vieille Europe, corrompue et portant en son sein de nombreux germes de mort, s'agite dans des convulsions effrayantes. A chaque nouvel effort qu'elle fait pour rejeter loin d'elle le vautour qui lui ronge le flanc, sa plaie saignante s'entr'ouvre, et la vie semble prête à s'échapper de ce corps privé de forces et d'énergie.

Or, quelle est la cause permanente de ce malaise général auquel sont aujourd'hui condamnées les populations européennes? C'est là une question qu'il ne nous est guère possible de résoudre ; notre faible perspicacité pourrait s'égarer aisément, si nous nous permettions de jeter un regard scrutateur sur un état de choses où nombre de gens experts ne comprennent rien. Nous laissons dès-lors aux hommes d'État, routiniers ou progressistes, le soin de déterminer l'étendue et la cause du mal dont nous signalons l'existence.

Pourtant, s'il nous était permis d'avancer ici quelques

conjectures assez probables, nous dirions que la principale cause du malaise et de la décadence des sociétés modernes, c'est ce matérialisme abject et grossier, qui forme le caractère distinctif de notre siècle de lumières. Nous ajouterions que les masses ignorantes et indisciplinées, aussi versatiles en politique qu'en religion, s'accomodent généralement des mœurs faciles des loups-cerviers de la finance, et n'ont aujourd'hui d'autre culte que celui du *Veau d'or*, d'autre devise que celle-ci : *Vivre, jouir, et puis mourir*. Et certes, lorsque de pareilles idées s'infiltrent chaque jour irrésistiblement dans toutes les classes de la société, comment s'étonner ensuite de la décadence rapide et de la chute inévitable de l'ancien monde ? Le sens moral n'existant plus, la barbarie reparaît.

Il faut donc recourir aux remèdes héroïques, si l'on veut retarder et peut-être même prévenir tout à fait une catastrophe imminente. Ces remèdes, nous les trouvons dans la diffusion rationnelle des lumières et des sciences, dans la propagation des saines doctrines. C'est en faisant à l'ignorance une guerre ouverte et en consolidant les précieuses conquêtes de 89, que les hommes sages arrêteront le mal qui nous dévore. C'est en prêchant d'exemple, c'est-à-dire en donnant des encouragements à la vertu et à l'intelligence, qu'ils réformeront entièrement l'espèce humaine; c'est en garantissant à tous les citoyens, vraiment dignes de ce nom, du travail et du pain et en détruisant le paupérisme, qu'ils feront cesser pour toujours les révoltes causées par la faim et la misère.

Notre voix trouvera-t-elle de l'écho ? Nous l'espérons.

Mais, quel que soit d'ailleurs l'acueil fait à nos observations, nous ne nous lasserons jamais de rappeler les hommes qui nous liront, aux sentiments du devoir et de la dignité. Et, pour mieux les émouvoir, nous ferons passer sous leurs yeux des exemples saillants, pris spécialement au sein de notre cité. Tout homme qui aura consacré sa vie et ses travaux à la régénération de ses semblables, ou qui leur aura prodigué les trésors de son amour et de sa charité, sera par nous mis en relief et exalté suivant son mérite; nous ne tairons ni aucun dévouement, ni aucun sacrifice : car il n'y a point d'indiscrétion à louer un homme du bien qu'il a fait.

Entre autres exemples, nous choisirons aujourd'hui celui du vénérable M. MIQUEL, curé-doyen de Bédarieux, dont la tombe vient de s'ouvrir, et que pleurent encore une foule de malheureux qu'il soulageait dans leur détresse. Bienfaiteur des pauvres, M. MIQUEL a droit à nos éloges : l'oublier serait une ingratitude.

M. l'abbé MIQUEL (Jean) naquit à Béziers, le 14 janvier 1791. Sa famille, honnête et laborieuse, occupait alors et conserve encore un rang respectable au sein de cette bourgeoisie moyenne, qui, grâce à son travail et à son économie, a su sortir de l'obscurité où se plaisait à la tenir l'égoïsme des grands. M. Miquel père, que nous avons connu et qui est décédé à Bédarieux dans un âge très-avancé, entouré de tous les soins dus par la piété filiale, était un marchand-tanneur de la ville de Béziers. Homme plein de franchise dans ses relations commerciales, M. Miquel père acquit une fortune considérable, qu'il consacra en partie à l'éducation de sa nombreuse famille. Deux de ses fils surtout reçurent une instruction à la fois brillante et solide, et répondirent par des succès constants et sérieux aux sacrifices paternels. C'étaient MM. MIQUEL (Antoine), docteur en médecine, né en 1796, et MIQUEL (Jean), curé de Bédarieux.

M. MIQUEL (Antoine), une de nos célébrités médicales, rédacteur en chef de la *Gazette de Santé*, de Paris, mourut au mois d'août 1829, épuisé de travail, au moment où un immense avenir de gloire s'ouvrait devant lui. Plus heureux que son frère, M. MIQUEL (Jean) a pu parcourir une assez longue carrière sacerdotale et s'illustrer par son talent et ses vertus. Nous allons raconter succinctement la vie et les actes de cet homme de bien, et rappeler à nos compatriotes tous les services qu'ils ont reçus de leur vénérable pasteur. Heureux, si par ce témoignage rendu publiquement à sa mémoire chérie, nous pouvons atteindre le seul résultat que nous ambitionnons : celui de réveiller dans tous les cœurs le sentiment de la reconnaissance envers un prêtre dont la perte est irréparable !

Objet de la sollicitude de ses parens qu'étonnait une intelligence précoce, M. MIQUEL (Jean) grandit en vertu et en sagesse. Enfant, tant que dura la révolution, cette tourmente terrible mais salutaire, il atteignit l'âge de raison lorsque des jours plus calmes commençaient à luire pour la France. Dès cet instant, son ardeur pour l'étude et son goût pour les cérémonies religieuses d'un culte alors rétabli après une longue proscription, firent présager qu'il deviendrait une des plus fermes colonnes du sanctuaire catholique. Ses parents s'empressèrent donc de lui faire donner une éducation en rapport avec la carrière qu'il désirait embrasser, et ils le placèrent au collége de Béziers.

Dans cette institution, encore incomplète à cette époque, et où s'est formée pourtant toute une génération d'hommes distingués, le jeune Miquel ne tarda point à briller d'un vif éclat. Doué d'une grande pénétration d'esprit et d'un zèle extrême pour l'étude, il éclipsa bientôt ses condisciples et remporta sur eux tous les premiers prix de ses classes. Mais loin de s'enorgueillir d'un pareil succès, il sut si bien se concilier l'affection de ses amis, qu'il excita toujours leur émulation sans jamais encourir leur jalousie.

Bientôt après, il entra au séminaire de Montpellier; et ce qu'il avait été au collége de sa ville natale, il le fut dans l'atelier où se forment les lévites du sanctuaire. Il montra tant d'aptitude pour ses études théologiques, que, simple diacre, il fut chargé, en 1814, d'un cours de dogme, dont il s'acquitta avec l'aplomb et le talent d'un professeur consommé. M. Bastet, supérieur du grand séminaire, aurait vivement désiré que M. Miquel continuât d'exercer des fonctions qu'il remplissait avec science et dévouement; mais le jeune lévite préféra entrer dans la carrière active du sacerdoce militant, et il reçut les ordres sacrés de la prêtrise, le 5 mars 1814, des mains de Mgr. Fournier, évêque de Montpellier.

Nommé d'abord vicaire à Lunel, en la même année 1814, M. Miquel fut bientôt après appelé au vicariat de l'église Saint-Jean de Pézenas, vers 1815, et puis promu successivement aux postes de curé-desservant de Saint-Thibéry, vers 1817; de Bessan, le 1er mai 1818 ; et de l'église Sainte-Ursule de Pézenas, le 16 août 1824. Partout, le jeune lévite sut se faire aimer et laissa des souvenirs précieux; partout, son cœur de père pour son troupeau, ses largesses aux pauvres, son savoir éminent et son esprit de conciliation lui attirèrent l'estime de ses paroissiens. Il y a quelques jours à peine, le journal de Pézenas consacrait au souvenir de l'ancien curé de Sainte-Ursule quelques mots d'éloge que nous sommes heureux de rappeler. Il nous vantait ses manières affables et prévenantes, ainsi que son amour pour les pauvres; et certes, ce portrait flatteur n'avait rien d'exagéré.

En l'année 1826, une des cures les plus importantes du diocèse vint à vaquer : c'était celle de Bédarieux. L'administration de ce poste, très-ardue et très-compliquée, réclamait un homme supérieur, aussi instruit que conciliant. Mgr. Fournier jeta alors les yeux sur M. Miquel, et le choisit, quoiqu'il eût à peine trente-cinq ans, parce qu'il trouva en lui les qualités nécessaires pour vaincre les difficultés qu'engendre toujours la présence de deux cultes rivaux.

M. Miquel prit possession de sa nouvelle Église, le 21 avril 1826, et, dès les premiers jours de sa mission, il s'appliqua à calmer cette agitation incessante, créée par l'antagonisme encore vivace qui, depuis près de trois siècles, divisait profondément les deux populations catholique et protestante de notre ville. Inflexible sur toutes les questions de dogme, il savait tempérer, dans ses conversations affectueuses avec des hommes appartenant aux deux cultes, la rigidité de ses principes religieux; et en exhortant chacun à faire le bien et à se conduire selon les vrais préceptes de l'Évangile et de la morale, il ne faisait un crime à personne de prier Dieu en français. Mais cette tolérance qu'il pratiquait à l'égard de ses adversaires en religion, il se sentait en droit de la réclamer pour son troupeau et pour lui-même.

M. Miquel déclara donc au fanatisme une guerre incessante, qui devait amener plus tard d'heureux résultats; et, tout en donnant lui-même l'exemple d'une fidélité inébranlable à ses principes politiques, il fit les plus généreux efforts pour éteindre l'irritation respective des masses ignorantes. Il parvint enfin à persuader à la majorité des catholiques, que les protestants sont aussi bien qu'eux des membres de la famille chrétienne, et qu'il faut dès-lors les considérer, non comme des ennemis, mais comme des frères. Sous l'impression de la parole persuasive de ce digne disciple du Christ, les haines religieuses, jadis invétérées entre les partisans des deux cultes, s'affaiblirent graduellement; et il y a tout lieu d'espérer que, dans un avenir peu éloigné, ce qui reste encore de ce vieux levain d'intolérance périra étouffé sous le flot de la civilisation, qui grossit et monte sans cesse.

Ce succès, immense et inespéré, ne fut point dû aux seules exhortations du curé Miquel, et il eût été incomplet, peut-être même impossible, si un homme d'élite, digne à tous égards de l'estime publique, n'avait de son côté exercé sur la population calviniste une pression salutaire. Nous venons de nommer M. Massé (Jean), pasteur de l'Église protestante de Bédarieux pendant vingt-neuf ans (du 16 mai 1823 au 2 février 1852), aujourd'hui pasteur à Aix. M. Massé, qui jouissait parmi ses coreligionnaires d'une considération sans bornes, voulut les faire participer aux bienfaits de la civilisation. Il attaqua de front l'esprit de secte et le vainquit. Les calvinistes comprirent, eux aussi, qu'il était temps d'aimer leurs frères catholiques et d'éteindre le foyer des dissensions religieuses.

Grâce à la volonté énergique des deux champions de l'Évangile ; grâce surtout à leur influence respective sur les troupeaux divers confiés à leur direction spirituelle, un nouvel avenir s'ouvrit pour notre cité. L'esprit d'intolérance ne régna plus en maître au sein d'une population ardente et passionnée. Catholiques et protestants cessèrent de se maudire et de se vouer tour à tour aux dieux infernaux ; en un mot, le fanatisme religieux, qui établissait entre les adeptes des deux communions chrétiennes une profonde ligne de démarcation et qui les portait souvent à des actes coupables, fut vaincu sans retour. Et certes, ce ne sera pas nous qui regretterons sa disparition ; car nous l'avons vu à l'œuvre et nous connaissons trop ses écarts pour ne point applaudir à sa ruine.

Il reste néanmoins un ennemi à détruire ; et celui-là ne se laissera pas dompter avec la même facilité. Nous parlons du fanatisme politique, encore vivace dans notre ville, quoique des hommes de cœur et d'intelligence, sans distinction de parti, aient sérieusement et à plusieurs reprises essayé de l'anéantir. L'intrigue de certaines gens, aidée de la méchanceté et de l'ignorance des masses, a constamment paralysé leurs efforts et rendu leurs bonnes intentions inutiles. Espérons pourtant que cette victoire du mal sera de courte durée, et que la vérité et la justice éternelles triompheront enfin.

M. le curé Miquel ne se borna point à lutter contre l'esprit d'intolérance : il s'était aperçu qu'un autre ennemi redoutable se préparait à fondre sur son troupeau. C'était l'envie, passion funeste qui ronge et dessèche le cœur humain.

Longtemps repoussée par la population laborieuse de Bédarieux, l'envie se glissait parmi elle en silence et attendait patiemment le jour où elle pourrait étaler avec cynisme sa face hideuse. Tant que l'industrie manufacturière, qui fait la prospérité de notre ville, progressa sans entraves ; tant que la bourgeoisie moyenne, lancée dans les spéculations hasardeuses du commerce, trouva un aliment à son activité dévorante et réalisa des bénéfices ; tant que la population ouvrière, assurée du lendemain, eut la sagesse de se contenter de son sort et de vivre avec économie, le monstre n'osa point se montrer. Mais, vint une heure fatale et imprévue. La concurrence illimitée entre fabricants amena forcément la chute de ceux qui n'étaient pas assez riches ou assez intelligents pour la soutenir. Ruinés complètement, une foule de bourgeois vouèrent une haine implacable à ceux de leurs collègues plus heureux, plus habiles ou plus riches qu'eux.

Pendant ce temps, le goût des jouissances matérielles, se développant avec la marche progressive du luxe et du bien-être, s'infiltrait rapidement dans toutes les veines du corps social. Alors le poison de l'envie infecta les classes moyennes et se transmit bien vîte aux classes inférieures. Chacun fut jaloux de son voisin et désira sa perte ; et l'ouvrier perverti ne vit plus dans son patron qu'un maître détesté, au lieu d'un protecteur vigilant. Les diverses phases révolutionnaires par lesquelles nous sommes passés, n'ont pas peu contribué à répandre ce fléau, qui ne disparaîtra point de longtemps, et qui nous prépare peut-être pour l'avenir des calamités nouvelles.

M. le curé Miquel fut un des premiers à entrevoir l'abîme. D'un coup d'œil il en mesura l'étendue, et rechercha aussitôt les moyens les plus propres à attaquer le mal jusque dans sa racine. Il comprit de suite que vouloir détruire radicalement l'envie, passion inhérente à la nature humaine, c'était désirer l'impossible ; et il se borna dès-lors à proposer des palliatifs puissants et énergiques. « Il fallait, disait-il, inspirer aux classes ouvrières » des idées morales et religieuses, et leur inculquer sur- » tout l'amour du travail et de l'ordre. »

Fort de cette idée, que l'homme laborieux et économe, et dont l'avenir est assuré, considère rarement d'un œil jaloux le sort prospère de son voisin, il songea à établir dans notre ville un vaste système d'associations ouvrières et mutuelles. A sa voix, près de mille ouvriers s'organisèrent et formèrent diverses sociétés qui, grâce aux cotisations mensuelles de leurs membres, fournissent des secours nombreux et de toute nature aux malades et aux infirmes. Malheureusement, depuis 1850, l'esprit politique s'est infiltré dans la plupart de ces associations philanthropiques et y sème des germes de division et de mort.

M. le curé MIQUEL ne se contenta point de créer ces institutions, qui rendent aux classes souffrantes des services signalés : il fit plus. S'apercevant que l'*Œuvre de la Miséricorde* n'avait pas à sa disposition des ressources suffisantes, il fonda, vers 1839, l'*Œuvre de la Providence*, et appela dans son sein toutes les dames charitables de sa paroisse. Son appel fut entendu et son but compris : des largesses plus abondantes, versées dans le trésor des pauvres, soulagèrent des centaines de malheureux.

Deux ans plus tard, les deux Œuvres furent réunies en une seule, qui forme depuis lors un faisceau compacte et assez bien organisé.

Tel est l'important système de secours mutuels et à domicile, dont M. MIQUEL fut le fondateur. Il est fâcheux que l'on n'ait pas encore complété cette institution en établissant dans notre ville, comme naguère dans quelques cités manufacturières de l'Alsace, des caisses de retraite ayant un capital constitué au moyen de retenues, légères et proportionnelles, sur les bénéfices des fabricants et sur les salaires des ouvriers. Espérons néanmoins qu'un jour, mieux éclairés sur leurs véritables intérêts, nos compatriotes s'efforceront d'organiser sur des bases solides l'association du travail et du capital. Ce qui fonctionne admirablement dans une contrée de la France, s'acclimatera aisément parmi nous. Et alors, toute cause ou tout prétexte de dissentiment entre patrons et ouvriers venant à cesser, la paix, sans laquelle le travail est impossible, ne sera plus troublée, et nous serons pour

2

toujours à l'abri de ces agitations nuisibles à l'essor du commerce et de l'industrie, ainsi qu'à la prospérité de la nation.

Bénissons donc M. Miquel du bien qu'il a fait parmi nous, et dont les méchants et les ingrats ne veulent point lui tenir compte ! Quelque incomplète que soit son œuvre de régénération, elle n'en mérite pas moins l'approbation unanime des gens de bien.

Mais là ne se borna point sa sollicitude pour les classes pauvres et malheureuses. Il vint aussi en aide à l'enfance, cette partie de la population intéressante à tant de titres. Il institua donc, de concert avec l'Administration municipale, des salles d'Asile, où une foule de jeunes enfants reçoivent les soins les plus tendres et les premiers bienfaits de l'instruction, tandis que leurs mères, libres de toute inquiétude, gagnent à la sueur du front le pain qui aidera à nourrir la famille.

Au mois de février dernier, peu de jours avant d'être atteint de la cruelle maladie qui l'a conduit au tombeau, M. Miquel assembla les dames de la ville et leur proposa la création d'une Crèche, complément indispensable des salles d'Asile. Toutes furent de son avis, et l'organisation de cette nouvelle œuvre de bienfaisance allait être préparée, quand la mort est venue frapper l'homme généreux qui, le premier, en avait conçu le projet.

Afin de sanctionner l'autorité de sa parole et de ses conseils, M. le curé Miquel joignait toujours l'exemple au précepte. Sa bourse se vidait à chaque instant pour des actes de charité privée. Ceux qui ont pu, après son décès, jeter les yeux sur ses papiers secrets, ont remarqué avec satisfaction que les recettes considérables provenant de son traitement fixe et de son casuel, et atteignant quelquefois dans l'année le chiffre de 8,000 fr., ne s'arrêtaient jamais dans ses mains et se répandaient par mille canaux au sein de la population malheureuse. Ainsi, pour ne citer que quelques faits déjà tombés dans le domaine public, nous dirons qu'il payait annuellement 1,200 fr. environ, en petites pensions viagères, à des personnes dépourvues de tous moyens d'existence, et près de 800 fr. en petites locations de chambre pour des ménages peu fortunés. Il prodiguait, en outre, à une foule de pauvres honteux ou solliciteurs, des secours nombreux en argent et en nature. Et, tous comptes faits, il a été reconnu que le défunt, qui avait reçu de sa famille un patrimoine s'élevant à 30,000 fr. au plus, laisse des valeurs à peine supérieures à ce chiffre et presque insuffisantes pour acquitter divers legs et certaines charges contractées dans un intérêt privé. En un mot, les membres de la famille Miquel ne retrouveront pas intacts, dans la succession du curé de Saint-Alexandre, les biens qu'il avait reçus lui-même de ses parents.

Nous tenions beaucoup à ne point passer ces faits sous silence, car ils serviront à détruire les allégations mensongères de certains individus envieux ou prévenus. Naguère, ils proclamaient partout que M. le curé Miquel s'était enrichi des largesses de ses ouailles; maintenant, ils se taisent, parce que le contraire leur est mathématiquement démontré. Il est certain, en effet, que si le défunt a perçu, dans le cours de ses vingt-six années de service sacerdotal, une somme totale de 180,000 fr. environ, il a dépensé près de 70,000 fr. pour l'entretien de sa maison; et le restant, c'est-à-dire 110,000 fr., a été distribué par lui en bonnes œuvres. Ces chiffres en disent plus que tous les commentaires du monde.

L'esprit de conciliation, de tolérance et de charité n'était point la seule qualité de M. Miquel. Affable et prévenant pour qui l'approchait, il n'osait jamais refuser un service; et un grand nombre de personnes ont dû à ses secours désintéressés et toujours secrets, d'échapper à une ruine imminente. Le souvenir de ses bienfaits s'est-il conservé dans les cœurs de tous ceux qui les ont reçus? Nous voulons bien le croire, quoique, à l'époque où nous vivons, l'ingratitude soit souvent considérée comme un titre de gloire et comme un acte d'indépendance.

M. le curé Miquel était, par son caractère ouvert et ses allures franches, un homme de trempe antique. Son front, haut et développé, annonçait l'intelligence; son beau visage reflétait toute la sérénité de son âme. D'une taille élevée, d'un port noble et majestueux, il inspirait à tous un profond respect, une tendre sympathie. Inaccessible à l'envie et à la haine, il méprisait souverainement l'intrigue et ceux qui en font profession. Il allait toujours droit au but, sans s'inquiéter des criailleries sournoises et méticuleuses de ces Zoïles au cœur sec et au cerveau vide, dont l'unique occupation est de blâmer tout ce qui est fait ou est dit par d'autres que par eux ou leurs amis. Engeance détestable, qui pullule depuis des siècles et qui fait le malheur des petites cités!

La franchise de M. MIQUEL lui attirait souvent des contradicteurs et même des ennemis acharnés. Nous voudrions pouvoir taire les mesquines taquineries et les attaques brutales qui, maintes fois, sont venues l'assaillir et troubler sa quiétude ; mais la vérité nous fait un devoir de parler, et nous la dirons tout entière, parce que nous n'avons pas pris l'habitude de la trahir. Pourtant, nous nous bornerons à citer des faits généraux pour ne point faire du scandale, et nous écouterons patiemment toutes les observations qu'on voudra nous adresser à ce sujet, prêt à les réfuter néanmoins, si leur exactitude ne nous semble point incontestable.

M. le curé MIQUEL appartenait, par ses opinions politiques, à l'école fondée par feu M. de Genoude, l'éminent publiciste de la *Gazette de France*. Ennemi déclaré des roueries gouvernementales qui *illustrèrent* le règne de Louis-Philippe, il réclama toujours et chaleureusement l'intervention des masses populaires dans les affaires de l'État. La doctrine du suffrage universel eut en lui un défenseur ardent et convaincu, et il applaudit à la chute d'un trône qui s'opposait au triomphe d'un principe aujourd'hui définitivement consacré par nos lois et incarné dans l'esprit public.

Cette indépendance vis-à-vis du pouvoir tombé en Février sous le mépris de la Nation, ne pouvait plaire aux partisans fougueux de l'Orléanisme ; aussi gardèrent-ils toujours rancune à M. MIQUEL, qui se contentait de plaindre leur aveuglement et de faire des vœux pour leur conversion sincère. Toutefois, l'hostilité calculée des hommes de l'intrigue ne lui inspirait pas de craintes sérieuses, tandis qu'il avait tout à redouter de la haine irréfléchie des hommes du désordre.

Ici se présente naturellement l'occasion de jeter un coup d'œil rapide sur les événements politiques qui ont donné à notre ville une triste célébrité. Précisons dès-lors le rôle honorable que M. le curé Miquel remplit dans ces circonstances pénibles, et faisons connaître les dangers qu'il courut, ainsi que les causes de l'animosité qui lui fut vouée par la partie vicieuse de notre population ouvrière.

Le 27 février 1848, au moment où la proclamation de la République était solennellement annoncée aux habitants de Bédarieux, un flot tumultueux d'agitateurs de bas-étage, profitant du découragement de l'Administration municipale, trahie ou délaissée par la majorité des habitants, se forme dans la Grand'-Rue. En peu d'instants, les registres et les meubles de M. Lavaud, receveur-buraliste des contributions indirectes, sont saccagés et livrés aux flammes. Cet acte de vandalisme accompli, la tourbe hideuse, précédée du drapeau rouge, se rue sur les bureaux du percepteur des contributions directes. Heureusement, quelques hommes intrépides s'organisent aussitôt en garde civique, sauvent les deniers publics et rétablissent enfin l'ordre par l'arrestation des bandits.

M. le curé Miquel ne reste point en arrière, lorsque tant de citoyens s'exposent au danger par pur dévouement. Au plus fort de l'émeute, il sort de l'église Saint-Alexandre, où les fidèles assemblés chantaient vêpres, et se présente, revêtu de ses ornements sacerdotaux, devant la populace enorgueillie d'un premier succès. Debout sur le parapet du rempart de *Vèbre*, il adresse aux agitateurs une allocution véhémente. Plusieurs fois menacé et injurié par eux, il parvient pourtant à calmer certains meneurs. Pendant ce temps la garde civique, secondée du corps des sapeurs-pompiers, commandé par M. Vernazobres-Lavit, aujourd'hui membre du conseil-général de l'Hérault, s'avance, dissipe et terrifie l'émeute, qui abandonne l'attaque des bureaux de la perception.

Par cet acte de fermeté et de courage, M. Miquel prouva aux pillards qu'il serait toujours prêt à les combattre. Dès cet instant, tous ceux qui avaient pris une part active aux désordres du 27 février 1848, lui vouèrent une haine implacable et recrutèrent des adhérents nombreux. En 1850 et 1851, les sociétés secrètes s'organisèrent, et M. Miquel fut de prime-abord désigné à la vengeance des sectaires. On assure que, lors des événements du 4 décembre 1851, des menaces lui furent adressées indirectement par les assassins des gendarmes. Et il est positif qu'il jugea prudent de se dérober pendant plusieurs jours aux regards de ses ennemis acharnés.

Les membres des sociétés secrètes ne pouvaient point pardonner au curé de Saint-Alexandre ses opinions légitimistes, et ils lui faisaient un crime de son indépendance politique. Ce ferment de haine et d'hostilité était habilement exploité par les meneurs de la bande. Cependant on n'eut pas à déplorer de nouvelles catastrophes ; la peur du châtiment et la réflexion arrêtèrent les bras armés pour la destruction de la société, et l'ordre fut rétabli.

Nous ne nous étendrons pas davantage sur ce déplorable épisode de nos discordes civiles. Chacun conserve dans sa mémoire le souvenir de la soirée néfaste du 4 décembre, et nous ne voulons point rouvrir une plaie qui saigne encore. Pourtant, il est bon qu'on sache que, malgré la sévère et salutaire leçon qu'elle a reçue, une partie de la population ouvrière de Bédarieux, complètement pervertie, garde contre la classe riche qui la fait travailler et vivre, un sentiment de rancune et d'animosité sans exemple jusqu'à ce jour. A tout instant, des bruits malveillants, dont la source est inconnue, circulent parmi les masses ignorantes, passionnées et fanatiques. Ainsi, M. Miquel et quelques autres hommes honorables de Bédarieux sont accusés d'avoir, il y a quelques mois, dressé des listes de proscription et de fournir aujourd'hui au gouvernement des fonds considérables et mensuels, pour qu'il entretienne et garde en Algérie les transportés condamnés par la commission mixte, etc! Ceux qui lancent et font circuler dans le public ces calomnies ignobles, ont vraiment perdu tout sens moral et sont bien criminels, et ceux qui y ajoutent foi sans en contrôler l'origine, acquièrent de droit une place dans le troupeau servile des méchants et des niais.

Si la circulation des bruits infâmes que nous signalons avait des conséquences fâcheuses pour ceux qui les inventent, nous ne nous en plaindrions guère, puisque le mal serait immédiatement suivi du châtiment; mais les roués se cachent avec soin dans l'ombre de leurs intrigues, et la plèbe seule s'expose à ce que l'Autorité, protectrice de la sécurité publique, lui inflige une punition exemplaire. Nous adjurons donc les honnêtes gens de la classe ouvrière de repousser les insinuations perfides des coupables incorrigibles. Si, dans un moment d'égarement, quelques-uns d'entre eux se sont laissés aller à des actes blâmables, qu'ils répudient ouvertement toute solidarité avec les bandits du 4 décembre, et la société leur rouvrira ses bras; mais s'ils restent sourds aux prières de ceux qui veulent leur prospérité, et si la justice les frappe, qu'ils aient au moins la pudeur de n'attribuer leurs maux qu'à leur obstination aveugle et inconcevable.

Laissons de côté pour un instant ces souvenirs sanglants et douloureux, et reportons-nous vers des temps plus calmes et meilleurs.

Convaincu du zèle et du mérite de M. le curé Miquel, Mgr. Thibault, évêque de Montpellier, essaya plusieurs fois de l'enlever à la paroisse Saint-Alexandre et de l'appeler à des fonctions plus élevées. En février 1844, il lui proposa la cure de Saint-Denis, à Montpellier; et, vers 1846, celle de Saint-Etienne, à Agde, avec les titres d'archiprêtre et de vicaire-général. M. Miquel refusa toujours ces offres avantageuses et n'accepta que les titres de chanoine honoraire et de vice-archiprêtre. Il refusa même, en avril 1850, la cure de la Madeleine, qui était la paroisse la plus importante de Béziers, sa ville natale. Et pourtant, à cette époque, « son âge » avancé l'autorisait à se rapprocher de sa famille, pour » en faire les délices et en recevoir les soins affectueux » qui devaient le soulager de ses fatigues. Mais, né sans » ambition et tout entier au peuple qu'il avait évangé-

» lisé pendant plus de vingt-six ans, notre digne pasteur » *oublia la maison de son père;* et, sans abdiquer les sen- » timents de la nature, il donna la préférence à la famille » qu'il avait engendrée à Jésus-Christ, et voulut lui » consacrer le reste de ses forces et de ses jours. » (*MS.* de M. l'abbé Aoust, de Béziers.)

Après avoir rempli, pendant quarante années, les fonctions du sacerdoce, M. Miquel, encore plein de force et d'énergie, et à l'âge de soixante-trois ans, a vu arriver sa dernière heure. Atteint depuis longtemps d'une infirmité grave et compliquée d'une obésité très-forte, résultant du défaut d'exercice, il a dû garder le lit dès la fin du mois de février; et, à partir de ce moment jusqu'au jour de son décès, il n'est plus sorti de sa chambre.

Malgré les soins affectueux de sa famille et de ses amis, malgré les secours habiles de la science médicale, et au milieu d'une anxiété vive et générale, le vénérable pasteur est décédé le jeudi 7 avril, à deux heures quarante-cinq minutes du matin. Jusqu'à son dernier soupir, et quoiqu'il fût tourmenté par de longues souffrances qu'il supportait avec la plus grande résignation, il a conservé toute la lucidité de son esprit, « et avant de » dire à ses amis un éternel adieu, il leur a fait entendre » des paroles qui attestent et proclament hautement sa » foi, sa résignation, sa confiance, son esprit d'immo- » lation et de sacrifice. » (*M S. id.*) Puis, la mort a triomphé de sa victime; elle a frappé un homme qui l'attendait sans crainte et qui l'a reçue comme un bienfait.

Cette triste nouvelle s'est vite propagée dans notre ville et a plongé tout le monde dans la stupeur et la désolation, mais principalement la population catholique, que M. Miquel éclairait de ses conseils et guidait dans le sentier du devoir et de la vertu. Les pauvres, ceux surtout dont l'esprit de reconnaissance ne s'éteint jamais, ont vivement regretté leur providence.

Le corps de M. Miquel, revêtu de ses ornements sacerdotaux, est resté exposé dans le chœur de l'église Saint-Alexandre, depuis le jeudi, une heure du soir, jusqu'au lendemain, dix heures du matin. Pendant tout ce temps, une foule immense et recueillie n'a cessé de stationner dans le sanctuaire, pour contempler une dernière fois les traits d'un pasteur ravi trop tôt à l'amour de son troupeau. Calme et sereine, la figure du juste portait à peine l'empreinte des atteintes de la mort; et, sans la douleur profonde des assistants et les larmes silencieuses qui coulaient de leurs yeux, on aurait cru voir en M. Miquel un voyageur fatigué d'une longue route et goûtant en paix les douceurs du sommeil.

A quatre heures du soir, le conseil municipal s'est réuni extraordinairement, et voulant rendre un hommage éclatant à la mémoire du défunt, il a décidé à l'unanimité qu'il assisterait en corps à ses funérailles. Puis, sur la proposition de M. Vernazobres-Lavit, ancien maire, conseiller-général de l'Hérault, il a affecté le caveau situé sous la croix du nouveau cimetière catholique, à la sépulture des membres du clergé de Bédarieux.

Le lendemain, les honneurs funèbres ont été rendus au vénérable curé. Et c'était un touchant et magnifique spectacle, que de voir l'empressement général d'une partie de notre population, pour aller dire un dernier adieu à l'homme de bien dont la perte prématurée laisse un grand vide dans les rangs du clergé de notre ville, et plonge dans le deuil le diocèse de Montpellier.

A dix heures du matin, le cortége funèbre est sorti de l'église paroissiale, a défilé dans les rues Saint-Alexandre, de la Digue, sur le nouveau pont et la grand'-route de Lodève à Castres, et, rentrant en ville par le vieux pont, a suivi la Grand'Rue et la rue Saint-Alexandre jusqu'à l'église de ce nom. Le cercueil était précédé du clergé des cantons de Bédarieux, Saint-Gervais et Lunas, de toutes les corporations et confréries religieuses, de la musique de la ville et d'un piquet de troupes de la garnison sans armes. Le deuil était conduit par les autorités civiles, judiciaires, administratives et militaires; et notre population d'élite assistait en masse au convoi, dont la tête avait déjà dépassé le vieux pont de l'Orb, quand les derniers rangs étaient encore sur le nouveau pont de la Digue.

A onze heures, la messe des morts a été célébrée en grande pompe, pendant que la musique jouait des airs funèbres qui portaient la douleur dans l'âme des assistants. A midi, M. l'abbé Chrétien de Montrozier, curé de Saint-Xiste, a prononcé le panégyrique de M. Miquel, et rappelé quelques souvenirs de sa vie sacerdotale si bien remplie. La voix de l'orateur, vibrante quoique fortement émue, a produit sur l'auditoire une vive impression. Il a été un moment où le bruit des sanglots a contraint M. de Montrozier à s'arrêter au milieu de son improvisation éloquente et toute dictée par le cœur. « On voyait

» un grand nombre d'assistants dont les yeux étaient » inondés de larmes. Ils pleuraient, en songeant aux » bienfaits dont le cœur de leur bon curé avait toujours » été une source intarissable. Plusieurs s'approchaient res- » pectueusement pour toucher ses deux mains généreuses » qui leur avaient distribué si souvent l'aumône, en la » pesant à la balance charitable d'un digne ministre de » Jésus-Christ. Ces mains étaient encore jointes : on au- » rait dit que le bon pasteur priait pour ses ouailles ; » qu'il implorait les bénédictions du ciel pour cette mal- » heureuse cité, et une rosée abondante de grâces pour » quelques-uns de ses enfants. » (*Messager du Midi*, du 13 avril 1853.)

A midi et demi, le cortége s'est remis en route et a accompagné à leur dernière demeure les restes mortels du défunt. Arrivé au champ du repos, le cercueil a été déposé dans le caveau funèbre, et la foule, silencieuse et recueillie, s'est lentement écoulée, emportant de cette triste et pieuse cérémonie un souvenir durable.

Le 8 avril a donc été pour la ville de Bédarieux une journée de deuil. La tombe s'est à jamais refermée sur un homme de bien que les cités voisines nous enviaient. Malgré nos ardents souhaits, la mort est venue nous ravir celui dont les paroles consolantes avaient tant de fois rasséréné les cœurs des affligés.

Et ce qui a rendu notre douleur plus vive ; ce qui nous a rempli d'indignation, c'est de voir apparaître sur la tombe du juste le fantôme sanglant de la discorde civile. Quoique le travail eût été suspendu dans les ateliers par les fabricants, qui voulaient ainsi honorer la mémoire de M. le curé MIQUEL et donner à leurs ouvriers toute latitude pour assister à ses obsèques, un fait scandaleux et déplorable s'est produit ; l'existence d'un mal profond, nous dirons même presque incurable, nous a été signalée : Cent ouvriers à peine ont pris place dans les rangs du cortége funèbre !!! Les autres (près de deux mille), à qui les intrigants font croire que « *le curé et les riches de Bédarieux ont fourni des fonds* » *considérables au gouvernement pour qu'il retînt en* » *Algérie les transportés de décembre,* » ont systématiquement payé d'ingratitude les bienfaits qu'ils avaient reçus pendant vingt-six ans de l'homme généreux dont ils ne tarderont point à regretter la perte. Que le mépris public attache son stygmate indélébile au front des coupables qui les pervertissent !

L'absence presque complète d'une classe influente et bien posée de notre population nous a aussi fort surpris : *sept* ou *huit* protestants seulement ont assisté aux funérailles de M. le curé MIQUEL ; et cependant, tant qu'a duré sa maladie, un grand nombre de personnes appartenant au culte dissident se sont informées, avec intérêt, de la santé d'un homme dont elles estimaient le caractère tolérant.

A quoi faut-il attribuer la cause de cet éloignement qui a produit, au sein des catholiques, une fâcheuse impression ? Est-ce à l'absence fortuite de M. le pasteur TRIAL, qui n'est arrivé dans Bédarieux que le lendemain des obsèques, et qui n'a pu, par conséquent, donner à ses coreligionnaires le conseil d'assister en masse au convoi du prêtre catholique ? Nous serions tenté de le croire, et cela, avec d'autant plus de raison, qu'il nous a été dit que M. le pasteur Trial avait vivement regretté les faits qui s'étaient passés. D'ailleurs, les actes de M. Trial témoignent en sa faveur. Il n'a point hésité à aller, de concert avec M. Chabbert, curé de la paroisse Saint-Louis, demander à l'Empereur une commutation de peine pour les condamnés de Bédarieux, afin d'épargner à notre cité le lugubre spectacle d'une exécution capitale. Et cet accord entre deux membres du clergé des deux cultes, cette mission généreuse, acceptée et remplie par tous les deux, prouve que M. le pasteur protestant est imbu des principes de tolérance religieuse, que son prédécesseur, M. Massé, n'a jamais cessé de proclamer.

Nous pensons donc que si M. Trial n'eût pas été absent de Bédarieux au moment du décès de M. le curé Miquel, ses ouailles auraient reçu de lui le conseil d'assister aux obsèques de ce prêtre. Quoi qu'il en soit, nous regrettons que nos compatriotes protestants aient jugé à propos d'attendre un mot d'ordre impossible, et n'aient point pris l'initiative d'une démarche qui leur eût fait le plus grand honneur.

Malgré sa position de fortune peu brillante, M. Miquel a néanmoins voulu laisser à ses amis des souvenirs précieux. Il a fait divers legs aux pauvres, à la fabrique Saint-Alexandre, aux églises de Bessan et de Pézenas, et à divers prêtres qu'il affectionnait. Il a aussi légué à ses successeurs dans la cure de Bédarieux, sa riche bibliothèque, qui renferme une belle collection d'ouvrages théologiques et littéraires.

Sa mort a fait suspendre la réalisation d'un magnifique projet qu'il avait conçu. C'est la reconstruction de l'église paroissiale Saint-Alexandre. En 1829 et 1837, des sommes importantes furent dépensées pour agrandir cet édifice, insuffisant aux besoins du culte catholique. Mais, nonobstant ces réparations successives, l'église Saint-Alexandre n'est pas digne de la ville de Bédarieux ; aussi M. Miquel avait-il projeté sa reconstruction sur un plan monumental.

Lors de l'inauguration du nouveau pont de la Digue (31 octobre 1852), il fit connaître publiquement la pensée qu'il avait mûrie. Sa voix trouva de l'écho : M. Kauffmann, ingénieur des ponts-et-chaussées, s'occupa de l'étude du projet ; le Conseil municipal vota le principe d'un emprunt de 100,000 fr., et une souscription particulière, ouverte le 7 février dernier, s'éleva en peu de jours au chiffre de 61,500 fr., et atteindra probablement celui de 100,000 fr. Mgr. Thibault, évêque de Montpellier, souscrivit pour une somme de 3,000 fr. ; et M. le curé Miquel, qui avait déjà donné 5,000 fr., en 1837, pour l'agrandissement de son église, s'engagea lui-même à verser une somme de 1,000 fr.

Nous pensons que son successeur ne laissera point tomber dans l'oubli une entreprise qui s'annonce si bien et dont la réussite est certaine, pourvu que l'on y mette un peu de zèle et de bonne volonté. Notre ville sera ainsi dotée d'un édifice indispensable au point de vue religieux, et remarquable sous le rapport architectonique.

A toutes ces qualités éminentes du cœur, que nous nous sommes plu à retracer, et qui faisaient de lui un homme charmant, M. MIQUEL joignait une profonde science, un beau talent oratoire. Il possédait surtout le don d'émouvoir ses auditeurs. Sa parole, tantôt douce et pleine d'onction, tantôt mâle et énergique, allait à l'âme.

Ses manières affables lui gagnaient tous les cœurs, et il n'aurait jamais compté d'ennemis, s'il eût voulu s'abaisser jusqu'à flatter les passions de la multitude, ou servir les intérêts des intrigants. Mais, inébranlable dans ses convictions politiques, que nous ne partageons pas, tant s'en faut, et que pourtant nous respectons, parce-que toute opinion politique professée de bonne foi et honnêtement est toujours respectable, il usait de son influence sur la population catholique pour la maintenir dans des principes d'ordre et de moralité.

Peut-être même aurait-il réussi dans la mission qu'il s'était donnée, si ses opinions légitimistes eussent été moins prononcées, ou s'il en eût fait moins parade. Il est certain, en effet, que la voix du prêtre est beaucoup plus écoutée, lorsqu'il a soin de se tenir complètement en dehors des partis ou des coteries. Telle est, au reste, l'opinion du savant Mgr. Sibour, archevêque de Paris, opinion que nous sommes heureux de partager. Quoi qu'il en soit, nous savons que M. MIQUEL voulait le bien; et certes, ce ne sera pas nous qui lui ferons un crime de la stérilité de ses efforts pour arrêter le torrent des mauvaises passions.

Ici s'arrête notre tâche. Nous avons voulu payer un

juste tribut d'éloges à la mémoire du vénérable ecclésiastique qui, pendant plus d'un quart de siècle, a prodigué aux habitants de sa paroisse les trésors de son amour et de sa charité. Puissent nos paroles adoucir l'amertume des regrets de ceux qui pleurent leur bienfaiteur! et puisse aussi l'exemple de M. le curé Miquel inspirer à son successeur ces sentiments de tolérance et de conciliation qu'il possédait à un si haut degré! C'est là le seul souhait que nous formons; et sur ce point, nous sommes en parfaite communion de pensée avec tous les hommes intelligents et raisonnables de notre cité. Espérons donc que le premier Pasteur du diocèse saura choisir dans son clergé, pour l'élever au poste de curé de Bédarieux, un homme éminent qui, fidèle aux traditions d'honneur, de charité et de dévouement établies par le regrettable M. Miquel, laissera comme lui, dans tous les cœurs, des souvenirs impérissables d'estime et de reconnaissance.

RIVEZ fils, Avocat.

Bédarieux, 1er mai 1853.

DOCUMENTS.

Dans le but de faire plaisir à nos lecteurs, nous insérons à la suite de cette Notice, trois discours de M. le curé Miquel, qui produisirent une certaine sensation dans le public de Bédarieux, aux diverses époques où ils furent prononcés. Ces documents donnent l'idée la plus flatteuse du talent de l'écrivain : le style est riche et facile ; les pensées sont belles et noblement exprimées.

I.

Allocution prononcée à l'occasion de la Bénédiction d'un arbre de la Liberté, planté à Bédarieux, le 7 mai 1848.

J'ai été profondément ému, mes frères, lorsque vous êtes venus me prier de présider cette cérémonie et me proposer de bénir cet arbre de la liberté, que vous avez surmonté d'une croix, afin qu'elle parût au loin et fût exposée à tous les regards, comme le symbole de l'alliance de la Religion et de la Liberté.

Vous avez prouvé par là que vous l'aviez bien comprise; vous en avez indiqué la source; vous en avez montré l'origine.

En effet, c'est la Croix qui est l'étendard de la liberté universelle. Le Christ, en mourant entre ses bras, nous l'a laissée pour héritage. Elle est le prix de son sang. C'est sur le sommet du Golgotha, c'est sur la croix, qu'il a proclamé la grande émancipation de la race humaine.

Là, il a brisé les fers de notre esclavage ; là, il a détruit la puissance du tyran qui nous tenait captifs ; là, il a fait de tous les peuples un monde, une famille de frères ; il a fait briller à tous les yeux une même espérance, il a dicté à tous les mêmes devoirs, il a conquis pour tous les mêmes droits ; il a fait disparaître toutes les distinctions, tous les rangs, et fait sortir du sein de ce bois sacré une semence divine, qui devait féconder la terre et communiquer à l'homme une vie nouvelle, la vie de la liberté, qui est l'apanage de tous les enfants de Dieu.

Avant le Christ, l'esclavage planait sur le monde et la grande famille humaine était chargée de chaînes.

Les nations barbares et les nations policées en sentaient également le poids. Les uns étaient esclaves de leurs semblables, tous étaient esclaves de leurs passions. J.-C. a tout affranchi : au sein des plus épaisses ténèbres, il a fait briller la lumière de la vérité ; au sein de la corruption et du vice, il a fait éclater les plus admirables vertus.

Qui de vous, mes frères, ignore cette immense métamorphose ? Qui n'a pas appris cette grande résurrection ? Armés de la croix, les envoyés du Christ ont changé la face du monde, et toutes les voix se réunissent aujourd'hui pour proclamer, d'un concert unanime, que c'est à la vertu souveraine et toute puissante de cet instrument de salut, que les peuples modernes doivent leur délivrance et leur perfectionnement.

Mais j'ai hâte de vous dire ce que c'est que la liberté.

Dans l'ordre des choses spirituelles, dans l'ordre surnaturel, la liberté c'est l'affranchissement du péché. Car, dit N.-S., quiconque commet le péché en est l'esclave : *Omnis qui facit peccatum, servus est peccati.* (Joan. VIII, 34.)

Dans l'ordre de la nature, la liberté c'est la faculté que le Créateur a donnée à l'homme, de penser et d'agir comme il l'entendra, de choisir entre deux objets celui qui lui conviendra davantage.

Tout homme, en venant au monde, a reçu ce présent du ciel. Il porte sur son front l'empreinte de la liberté gravée en caractères ineffaçables. C'est par elle qu'il est l'image de la Divinité qui a fait l'homme, qui a fait le monde, mais qui pouvait s'abstenir de tirer du néant et l'homme et le monde qui sont son ouvrage.

La liberté ennoblit l'homme. Elle l'élève au-dessus de tous les objets de la création. Le soleil lance des torrents de lumière sur l'un et l'autre hémisphère, mais il n'est point libre. L'homme doué de la liberté chérit ses semblables. Il est secourable au malheur. Il cultive les arts et l'industrie ; il se livre au travail, et, par cette occupation volontaire, il multiplie les sources de son bonheur et de sa prospérité.

Otez à l'homme la liberté, il tombe dans l'abrutissement et la dégradation. Pour lui, plus d'enthousiasme pour la vertu, plus d'essor, plus d'élan pour les joies immortelles de la vie future. Il ne lui reste que des instincts, dont les invisibles ressorts ne lui permettent aucune résistance.

Mais avec la sainte, avec l'impérissable liberté qui est en lui, l'homme prend son vol vers les régions sublimes ; il voit par la foi la gloire des saints, la gloire des anges, la gloire de Dieu, et il dit : Moi aussi je suis libre, et par le mérite de mes actes libres, je prétends avoir ma part de cette gloire et de cette félicité qui me sont promises.

Et voyez, mes frères, les enseignements de l'Église toujours et partout. Elle dit au chrétien : tu t'engages au service de Dieu ; mais librement. Elle dit au prêtre : tu t'engages au service des autels; mais librement. Elle dit aux chefs des nations : vous vous engagez à travailler au bonheur des peuples; mais librement.

Les uns et les autres usent de la liberté. Si c'est pour l'accomplissement de leur mission, à eux l'honneur et la récompense; s'ils en abusent, à eux la confusion et le châtiment!

Mais, un mot sur la liberté civile et politique que la révolution de Février vient de fonder au milieu de nous. Un mot sur cette révolution, qui doit être si belle et si glorieuse, si elle n'est pas détournée de ses voies; si elle n'est confisquée par aucune ambition personnelle.

Nous ne l'avons pas reçue comme la fille d'une mère sanglante et cruelle, comme la renaissance des catastrophes et des malheurs dont gémirent nos pères.

Nous ne saurions trop déplorer les souvenirs amers qu'elle a laissés au fond de nos cœurs.

Mais nous l'avons accueillie comme une Ère nouvelle; une Ère de droit commun, d'amélioration sociale, de soulagement universel, d'allégement de nos fardeaux; une Ère de paix, de concorde et de confraternité.

Et cet arbre que nous avons planté et que nous venons de bénir est le symbole du bonheur qu'elle nous promet. Il est l'image et l'emblème de la vraie liberté!

Avec quel enthousiasme vous avez salué, nous avons tous salué son apparition parmi nous!

C'est que nous avons tous faim et soif de cette liberté, sans laquelle nous ne serions qu'un troupeau d'esclaves! C'est que nous voulons tous exercer nos droits, consentir librement les charges publiques, jouir des bienfaits de la civilisation, concourir à la loi, ne dépendre que d'elle, repousser l'oppression et l'arbitraire, garder inviolable et sacrée la propriété que nous tenons de nos pères ou qui est le fruit de nos travaux, pouvoir aspirer par la vertu, le talent, le génie, à toutes les positions honorables, professer librement notre culte, notre religion : voilà ce que nous voulons. C'est la liberté, la liberté bien entendue! contre laquelle nul n'a le droit de s'inscrire, que tous les Français revendiquent également. C'est le droit de tous, et nous l'avons conquis! Malheur à qui voudrait nous l'enlever!

Salut donc, arbre sublime, puisque tu nous apportes la liberté! la liberté religieuse; la liberté civile et politique!

Que les conquêtes de la liberté ne périssent jamais parmi nous. Qu'elle pousse sur le sol de la France des racines profondes, et que chacun de nous, sans ambition et sans haine, nourrisse au fond du cœur cette devise aussi chrétienne que française : *Liberté, Égalité, Fraternité!*

II.

Discours prononcé dans l'église Saint-Alexandre, le 19 janvier 1852, à l'occasion des funérailles des trois gendarmes tués, le 4 décembre 1851, par les insurgés de Bédarieux.

Messieurs,

Ce jour était destiné à une grande réparation. Il y avait au fond de tous les cœurs honnêtes un sentiment caché, un murmure secret mais pressant, une voix plaintive mais impérieuse, qui demandaient cette solennelle manifestation.

La cérémonie qui s'accomplit en ce moment apaise ce murmure, en rendant aux défenseurs de l'ordre social, l'honneur qui est dû à leur mémoire et à leur infortune.

Nous l'avions appelée de tous nos vœux. Nous applaudissons à sa réalisation; elle est l'accomplissement d'un grand devoir envers la société qui est vengée, envers l'armée qui avait été outragée, envers la religion qui avait été méconnue.

Vous l'avez ainsi compris, nobles magistrats dont la présence rehausse l'éclat de cette fête lugubre. Elle était éminemment juste, sainte, morale, la pensée qui vous a portés à nous réunir dans cette enceinte; nous l'avons embrassée avec empressement. Mais il nous reste un regret, et nous disons avec le grand empereur de l'Orient : *Que n'ai-je le pouvoir de ressusciter les morts!*

Messieurs, si ceux que nous pleurons et qui sont tombés pour la défense de l'ordre public, ont été des victimes choisies par la Providence afin de préserver la cité d'incalculables malheurs, le Ciel, témoin de leur martyre, ne peut manquer de leur être propice. Leur sacrifice a été un holocauste parfait. Rien n'y a manqué : ni la souffrance, ni le courage, ni la résignation, ni la prière. Je voudrais laver de mon sang cette tache dont l'empreinte demeurera ineffaçable sur cette terre que nos pères avaient sanctifiée par leur piété et leurs vertus.

Mais, que dis-je? Nous venons d'offrir sur l'autel la victime d'expiation, et le sang de Jésus-Christ efface toute souillure: *Sanguis Christi emendat nos ab omni peccato.* C'est sur sa miséricorde infinie que nous nous reposons dans notre impuissance, et nous osons l'invoquer même en faveur de ceux qui ne peuvent point nous entendre, qui ont eu le temps de se recueillir dans leur conscience, et qui n'ont pour partage que la douleur et les larmes du repentir.

Toutefois, Messieurs, au milieu de notre tristesse et de notre deuil, nous éprouvons une consolation : c'est de voir ce nombreux concours de population de tout âge et de toute condition. Nous le regardons comme une preuve que le feu sacré n'est pas éteint parmi nous. Non, cette flamme divine ne périra point dans cette ville. Nous le regardons comme une protestation universelle et authentique contre des événements à jamais déplorables, et contre des doctrines funestes sorties des soupiraux de l'enfer.

III.

Discours prononcé, le 31 octobre 1852, à l'occasion de l'inauguration du nouveau pont de la Digue, à Bédarieux.

Messieurs,

Ce fut un magnifique spectacle pour cette ville, lorsqu'un pontife vénéré, précédé d'un nombreux clergé, la croix en tête, accompagné de l'illustre théâtin dont le savoir et l'éloquence sont une des gloires de l'Église catholique, vint, sur l'invitation du premier magistrat de la cité, poser, au milieu d'un peuple immense, la première pierre de ce pont que vous livrez aujourd'hui à la circulation publique et à notre admiration.

Deux ans se sont à peine écoulés, l'ouvrage est accompli, et ceux qui en avaient conçu la pensée, formé le plan, désiré l'exécution, se réjouissent en ce moment de son achèvement, et félicitent la cité commerçante qui se voit dotée de ce riche monument si assorti à son génie, si accomodé à ses besoins.

La prière liturgique qui consacra ses fondements n'a pas été stérile. Elle a obtenu du ciel que les hommes de génie qui ont présidé à la construction de ce superbe ouvrage, et les nombreux ouvriers qui, sous leur direction, y ont consacré leurs bras, n'aient rencontré aucun obstacle, qu'aucun accident funeste n'ait paralysé leurs efforts, qu'aucun sinistre, enfant de l'orage, n'ait ruiné leurs travaux.

Nous pouvons donc espérer que notre pont sera pour la ville qui salue en ce jour sa naissance, une source de prospérité, de richesse et de civilisation.

Mais c'est à d'autres à traiter ce sujet. Je suis ici pour bénir ces pierres assises les unes sur les autres, arrangées avec symétrie, unies ensemble et formant un massif solide comme la montagne. Je suis ici pour bénir l'Auteur de tout bien, de ce qu'il ouvre à nos populations actives une nouvelle voie de communication avec les cités qui nous environnent, avec la France, avec l'univers.

Pendant que les vagues rapides de l'Orb, grossies par les torrents, viendront se briser contre les flancs immobiles de ce pont et iront se perdre dans l'Océan, les produits de notre industrie rouleront sur ses arches pour aller au loin habiller nos armées, nos colonies, nos agriculteurs, ou servir de parure aux citadins de la France et de l'étranger; et les chefs-d'œuvre des arts, les riches denrées de tous les points de la terre passeront sur ses larges voûtes et entreront dans nos murs.

Vous dirai-je, Messieurs, les pensées mystiques et chrétiennes que fait naître en mon ame la présence de ce pont?

C'est le passage d'une vie à une autre vie : de la vie d'erreur et de mensonge à la vie de vérité, de la vie dissolue et déréglée à la vie morale et régulière, de l'oubli de Dieu à la pratique de ses commandements; du vice à la vertu; de la vie présente à la vie future. Pendant que nous sommes sur la rive du temps, nos amis, nos frères nous attendent sur la rive de l'éternité, et nous tendent une main secourable pour nous faire arriver au port.

Pendant que les ondes du fleuve orageux bouillonnent sous ses arches, l'abîme est sous nos pieds; le pont nous porte, nous soutient, nous préserve. Ainsi la foi, la grâce divine nous soutiennent sur la mer orageuse du monde et nous empêchent de faire naufrage.

Pendant que la tempête gronde, les eaux s'enflent et s'amoncellent. Tout tremble; l'ouvrage de l'homme est menacé d'une ruine prochaine. Mais la main de l'architecte a neutralisé leurs efforts; le géant a trouvé une issue, ses forces sont émoussées;

le pont reste debout et brave sa furie. Ainsi l'homme juste, le vrai chrétien voit autour de lui mugir les passions ennemies; il a mis en Dieu toute sa confiance; il se rit de leur fureur insensée. Elle vient se briser contre sa constance; elle expire à ses pieds. Il est debout; rien n'a pu l'abattre!

Voilà, Messieurs, des images et des figures que les saints aimaient à trouver dans tous les objets de la création, pour s'élever jusqu'au Créateur et le glorifier dans chacun de ses attributs.

Béni soit donc le Dieu tout puissant qui a donné à l'homme la sagesse et l'intelligence, à l'aide desquelles il maîtrise le monde et soumet la nature à son empire, et disons-lui comme Daniel : « Je vous rends grâce, Seigneur, de ce que vous m'avez donné » la lumière et l'inspiration. *Quià sapientiam dedisti mihi.* »

C'est à vous, M. l'ingénieur, à qui la Providence a si largement départi ses dons, que revient l'honneur de cette journée. C'est à vous que nous devons le tribut de notre admiration et de nos louanges. C'est en vous jouant que vous avez rempli la noble tâche qui vous était confiée. Par là vous avez préludé à des entreprises plus grandioses, plus dignes de vous, plus capables de révéler vos talents et votre génie. Ainsi le jeune aiglon, sortant de son aire, s'essaie à se balancer dans les plaines de l'air, en attendant qu'il s'élève au-dessus des nues.

Au point de vue industriel, Bédarieux vous salue comme un de ses bienfaiteurs; au point de vue moral, puisse-t-il voir arriver un jour sur ce pont, qui fait votre gloire, des apôtres brûlant de zèle, puissants en œuvres et en paroles, qui lui apportent la paix et la régénération!

INSTALLATION

de M. l'Abbé MARTIN (Justin),

Curé de la paroisse Saint-Alexandre, de Bédarieux.

Jeudi, le 19 mai 1853.

M. l'abbé Martin, ancien curé de Ganges (Hérault), nommé à la paroisse Saint-Alexandre, de Bédarieux, par décret du 7 mai courant, a pris aujourd'hui possession de son nouveau poste. Il est arrivé dans nos murs à deux heures du soir, traversant avec peine les flots de population qui se pressaient sur son passage.

A cinq heures et demie, la cérémonie religieuse d'installation s'est accomplie en grande pompe. La foule encombrait l'église paroissiale; le clergé de la ville et du canton assistait en corps à la solennité, et la musique, jouant des mélodies joyeuses, faisait vibrer l'écho des voûtes du sanctuaire.

Reçu à la porte du presbytère par le clergé, le conseil municipal et les marguilliers, M. l'abbé Martin a été conduit processionnellement jusqu'au chœur de l'église. Quelques instants après, M. l'abbé Chabbert, curé de la succursale Saint-Louis, a donné lecture des lettres de nomination du nouveau pasteur, et a prononcé quelques mots bien sentis et parfaitement appropriés à la circonstance.

Prenant ensuite la parole, M. l'abbé Martin a exprimé à ses ouailles tout le bonheur que lui faisait éprouver leur sympathie vive et spontanée pour le successeur du regrettable M. MIQUEL. D'une voix brisée par la fatigue et l'émotion, mais encore harmonieuse et sonore, il a prononcé, au milieu des larmes des assistants, le panégyrique de l'ancien curé de Saint-Alexandre ; puis, évoquant le souvenir de nos malheurs passés, il a juré de faire tous ses efforts pour effacer les traces sanglantes de la discorde civile. Cette promesse solennelle a été accueillie par d'unanimes transports de joie.

A six heures et demie, la cérémonie était terminée. Chacun s'est retiré, plein d'admiration pour M. l'abbé Martin, et enchanté du beau programme religieux qu'il venait de développer avec un talent réel et remarquable. Notre nouveau pasteur, disait-on, sera le digne successeur de M. MIQUEL et le continuateur de ses vertus sacerdotales et privées. Glorieux de marcher sur les traces de celui qui, pendant plus d'un quart de siècle, fut l'ornement du clergé du diocèse, il sera, comme lui, le père des pauvres et le consolateur des affligés.

A huit heures et demie, une brillante sérénade a été donnée à M. l'abbé Martin, sous les fenêtres du presbytère. Une foule immense y assistait, manifestant sa joie par de nombreux vivats. Le nouveau pasteur, sensible à ces témoignages d'affection, a paru un instant à la fenêtre du salon, et remerciant du geste, il s'est écrié : « Vivent les habitants de Bédarieux ! » Ce qui signi-

fiait dans son cœur : « Vivent ces hommes simples et bons, un
» moment égarés par de pernicieuses doctrines, et que je
» ramènerai dans le sentier du devoir, en combattant l'influence
» des agitateurs qui les pervertissent. »

Espérons donc que M. l'abbé Martin réalisera sans obstacle les belles promesses qu'il nous a faites, et que, fidèle aux traditions établies par M. le curé Miquel, qu'il a pris pour modèle, il sera animé, comme lui, de cet esprit de tolérance et de conciliation, indispensables dans une cité où deux cultes sont en présence. Ce qui nous fait croire que nos prévisions ne seront pas trompées, c'est que notre nouveau pasteur a laissé des souvenirs précieux au sein de la population de Ganges, et emporté les regrets unanimes des habitants catholiques et protestants de son ancienne paroisse.

RIVEZ fils, Avocat.

(*Écho de Lodève*, du 22 mai 1853.)

FIN.

www.ingramcontent.com/pod-product-compliance
Ingram Content Group UK Ltd.
Pitfield, Milton Keynes, MK11 3LW, UK
UKHW021034180726
13838UKWH00004B/1789

9 782329 135236